¡Usa aquel mapa!
Un primer libro sobre habilidades para usar mapas

Scot Ritchie

Traducción de Roxanna Erdman

Para mis amigos y familiares alrededor del mundo —S. R.

© 2022, Vista Higher Learning, Inc.
500 Boylston Street, Suite 620
Boston, MA 02116-3736
www.vistahigherlearning.com
www.loqueleo.com/us

© Del texto y las ilustraciones: 2009, Scot Ritchie

Publicado originalmente en Estados Unidos y Canadá bajo el título *Follow That Map!: A First Book of Mapping Skills* por Kids Can Press. Esta traducción ha sido publicada bajo acuerdo con Kids Can Press Ltd., Toronto, Ontario, Canadá.

Dirección Creativa: José A. Blanco
Vicedirector Ejecutivo y Gerente General, K–12: Vincent Grosso
Desarrollo Editorial: Lisset López, Isabel C. Mendoza
Diseño: Paula Díaz, Daniela Hoyos, Radoslav Mateev, Gabriel Noreña, Andrés Vanegas, Manuela Zapata

Coordinación del proyecto: Brady Chin, Tiffany Kayes
Derechos: Jorgensen Fernandez, Annie Pickert Fuller, Kristine Janssens
Producción: Oscar Díez, Sebastián Díez, Andrés Escobar, Adriana Jaramillo, Daniel Lopera, Daniela Peláez
Traducción: Roxanna Erdman

¡Usa aquel mapa!
Un primer libro sobre habilidades para usar mapas
ISBN: 978-1-54336-448-4

Todos los derechos reservados. Esta publicación no puede ser reproducida, ni en todo ni en parte, ni registrada en o transmitida por un sistema de recuperación de información, en ninguna forma ni por ningún medio, sea mecánico, fotoquímico, electrónico, magnético, electroóptico, por fotocopia o cualquier otro, sin el permiso previo, por escrito, de la editorial.

Published in the United States of America
1 2 3 4 5 6 7 8 9 KP 27 26 25 24 23 22

Contenido

Para empezar	4
Un día soleado…	6
Primera parada…	8
Sigue ese camino…	10
En la ciudad…	12
Vamos al campo…	14
Caluroso, frío, húmedo, seco…	16
La X señala el lugar…	18
Arriba, abajo, alrededor…	20
Puro juego y diversión…	22
Alrededor del mundo…	24
Despegue…	26
De nuevo en casa…	28
Haz tu propio mapa	30
Índice	32

Para empezar

¿Sabes cómo encontrar un tesoro escondido? ¿Sabes qué tan lejos de la dulcería queda tu casa? ¿Conoces el camino hacia tu atracción favorita en el parque de diversiones? ¡Es fácil! Únete a estos amigos y ¡usa aquel mapa!

Un mapa es un dibujo que te da información acerca de un lugar. Un mapa tiene muchos elementos. Este mapa explica algunos de ellos.

En un mapa, la rosa de los vientos siempre apunta al norte. Algunas rosas de los vientos muestran los cuatro puntos cardinales: norte, sur, este y oeste.

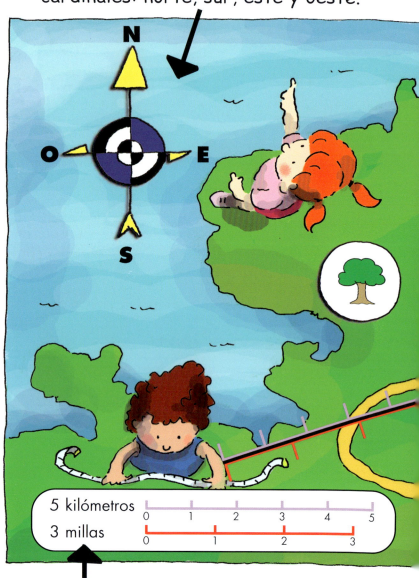

La escala de un mapa te ayuda a medir la distancia. En este, la línea muestra que Sandra está a 16 km (10 mi.) del punto de referencia.

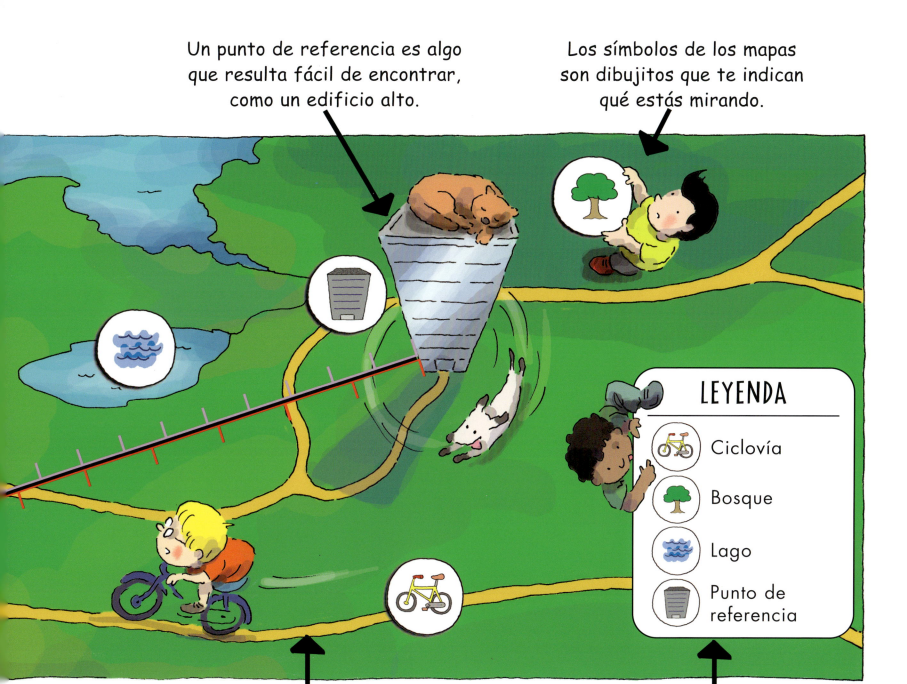

Un día soleado...

Sandra y sus amigos están jugando en el patio. Pedro se da cuenta de que Max, el perro de Sandra, y Olaf, su gato, han desaparecido.

¿Adónde habrán ido Max y Olaf? ¡Los cinco amigos deciden averiguarlo!

Primera parada...

¡Yuli tiene una idea! Tal vez Max y Olaf estén visitando sus lugares favoritos del barrio. Los niños se separan y comienzan la búsqueda.

¿Puedes encontrar el símbolo del parque tanto en la leyenda como en el mapa?

Los mapas tienen símbolos para ayudarte a encontrar sitios importantes, como el hospital, la escuela o tu casa. La explicación de los símbolos se encuentra en la leyenda o clave.

Sigue ese camino...

Sandra piensa que es buena idea ir al parque a continuación. Todos los días ella lleva a Max al parque a pasear. Los niños seguirán la ruta de principio a fin.

Abre bien los ojos. Alguien va en sentido contrario, ¿quién es?

Un mapa puede mostrarte qué camino seguir para que no te pierdas. En este mapa, la ruta está pintada de amarillo y señalada con flechas rojas.

En la ciudad...

No tuvieron suerte en el camino. Yuli sugiere ir al zoológico de la ciudad. Quizás Max y Olaf estén visitando los animales.

Martín está llegando al zoológico. ¿En qué dirección va corriendo?

En un mapa, la rosa de los vientos te muestra direcciones, como norte, sur, este y oeste.

Vamos al campo...

Sigue sin haber señales de Max y Olaf. Pedro tiene una corazonada: a lo mejor salieron de la ciudad. Los niños dejan la ciudad y buscan en el campo.

¿Qué tan lejos está Martín del tractor? (Pista: Mide desde la punta de la nariz de Martín hasta la gran rueda del tractor).

Puedes usar la escala de un mapa para ver qué tan lejos se encuentra algo en realidad. En este mapa, la escala te indica cómo medir la distancia, ya sea en kilómetros o en millas.

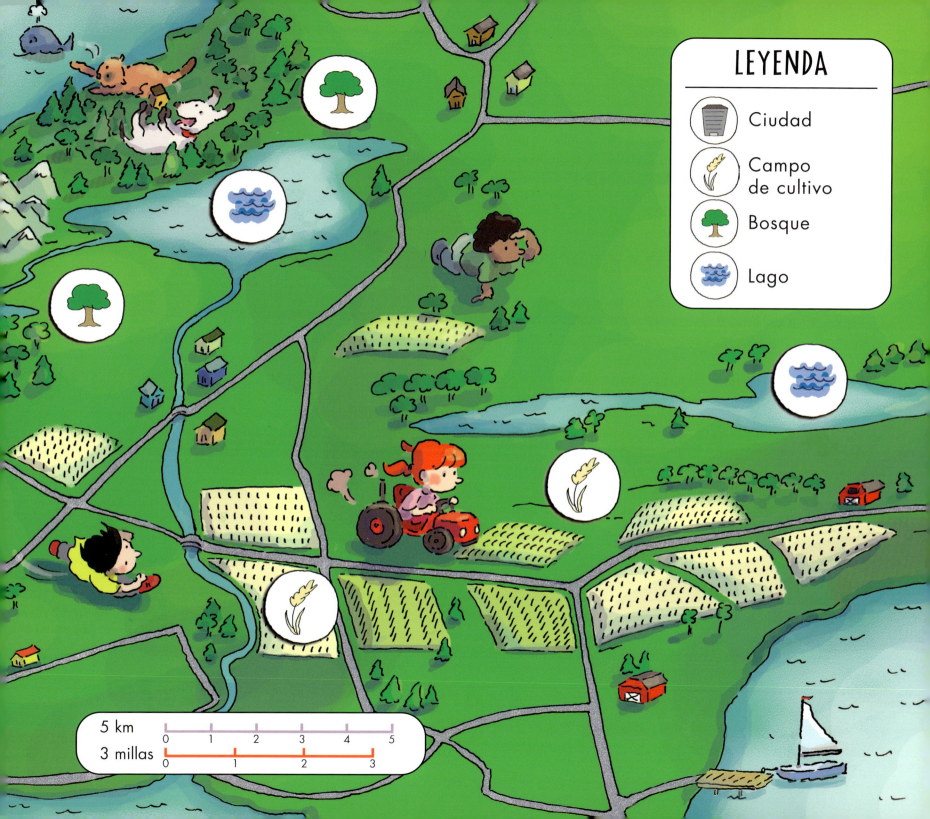

Caluroso, frío, húmedo, seco...

¡Cuidado! El tiempo está cambiando. Menos mal que Martín trajo un paraguas. Los niños esperan que Max y Olaf no se estén mojando demasiado.

¿Cómo está el tiempo donde están Max y Olaf?

Un mapa del estado del tiempo es diferente a otros tipos de mapas. Puede mostrar cuánto calor hace en determinado lugar o si está lloviendo en alguna parte.

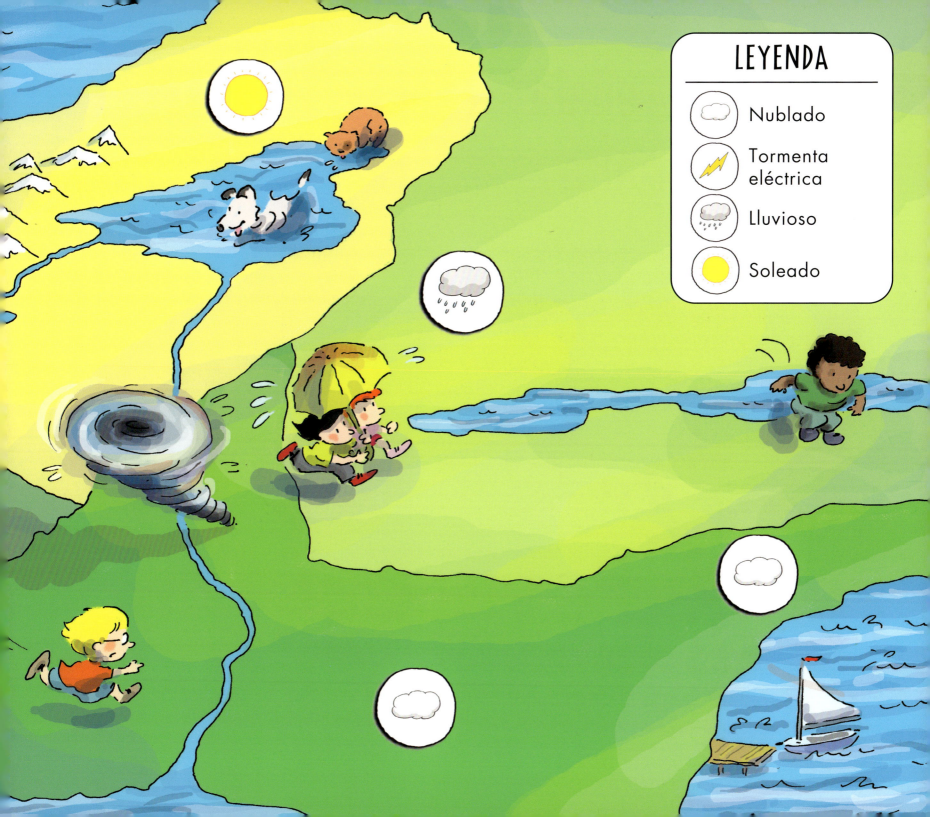

La X señala el lugar...

Una vez que el tiempo se despeja y todos los niños se han secado, Nick sugiere ir en bote hasta la isla misteriosa. Sandra descubre el mapa de un tesoro, pero los niños no encuentran a Max y Olaf.

¡Sigue a los amigos en su gran aventura!

El mapa de un tesoro es casi como un acertijo. ¡La X señala el sitio donde encontrarás el tesoro!

Camina 7 pasos al este. Cruza el Puente Serpiente. Avanza saltando sobre 8 piedras, pero DETENTE antes de llegar a Playa Caimán. Dirígete al sur para hallar el tesoro. ¡La X señala el lugar!

Arriba, abajo, alrededor...

¡Boletos para ir a Juegolandia! ¡Qué buen tesoro! Los niños suben al tren y se ponen en camino.

¿Por cuántas montañas pasarán en el tren?

Un mapa topográfico muestra las características naturales de una región. Puedes usar este tipo de mapa para hallar suaves colinas, lagos de poca elevación o altas montañas.

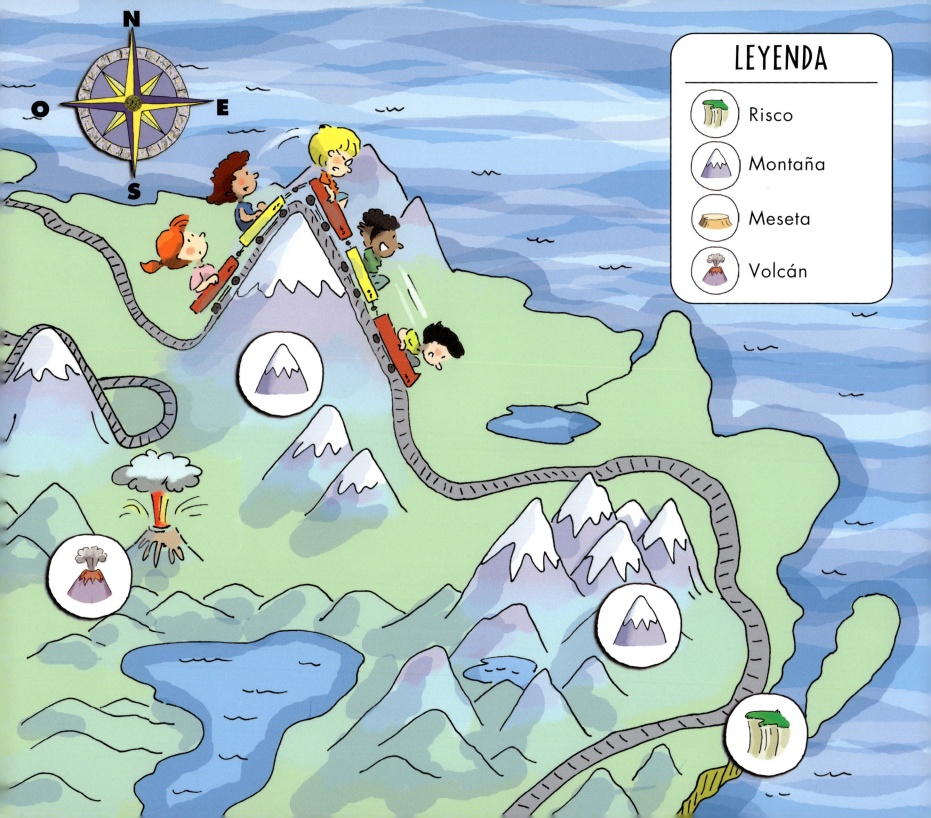

Puro juego y diversión...

A Sandra y Pedro les encanta montar la rueda de la fortuna. Pueden ver todo lo que hay en millas a la redonda. Bueno, tal vez no todo… ¡Mira quiénes están delante de ellos!

La rueda de la fortuna es alta, pero hay un punto de referencia que es aún más alto. ¿Puedes localizarlo, tanto en la leyenda como en el mapa?

Un punto de referencia es algo que resulta fácil de localizar. Puede ser una estatua alta, un edificio importante o un árbol con una forma rara.

Alrededor del mundo...

Los cinco amigos se divirtieron mucho en Juegolandia y casi se olvidan de Max y Olaf. ¿En qué lugar del mundo podrían estar?

¿A qué parte del mundo irías para encontrar a Max y Olaf?

La Tierra tiene forma de naranja. Para poder mostrar el mundo entero al mismo tiempo, los que elaboran los mapas "pelan" la superficie de la Tierra, como si fuera una naranja, y la extienden y aplanan. En un mapa plano, las cuadrículas curvas ayudan a que recuerdes la forma real de la Tierra.

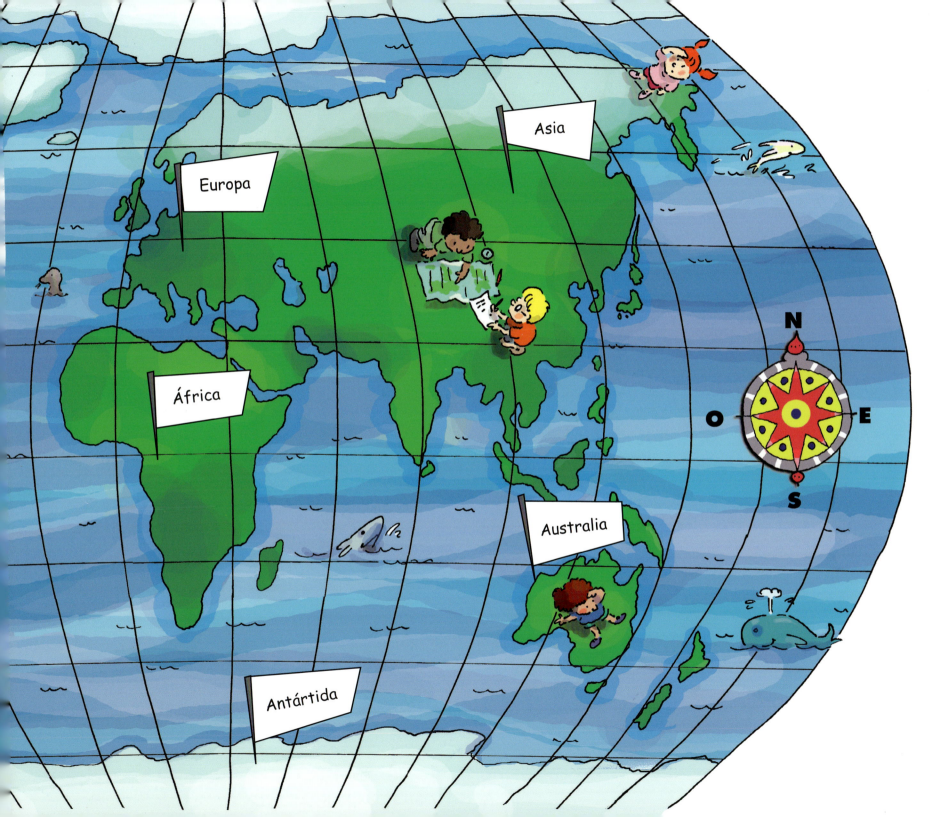

Despegue...

Max y Olaf podrían estar en cualquier parte del universo, ¡y ya casi es la hora de la cena! Queda el tiempo justo para revisar cada uno de los planetas.

¿A qué planeta crees que irá Yuli a continuación?

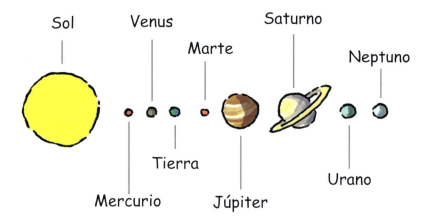

Puedes usar un telescopio para mirar las estrellas e incluso planetas, pero nunca podrás ver todos los planetas al mismo tiempo. Este mapa te permite imaginar cómo se verían los planetas si estuvieran todos alineados.

De nuevo en casa...

¡Hora de cenar! Por hoy, la aventura se acabó. Pero ¿dónde están Max y Olaf? ¡Ahí están, durmiendo debajo del gran árbol! ¿Habrán estado ahí toda la tarde?

¡Hay que volver a hacer lo mismo mañana!

Haz tu propio mapa

Este es un mapa del dormitorio de Sandra.

Puedes hacer un mapa de tu dormitorio, similar a este, si sigues estos pasos:

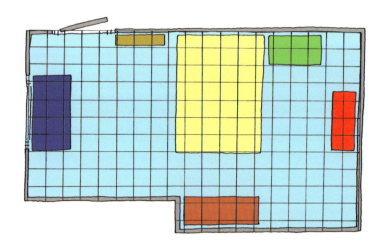

Paso 1: Consigue una hoja de papel cuadriculado y un lápiz. Si no tienes papel cuadriculado, hazlo tú mismo utilizando regla y lápiz para dividir una hoja de papel en cuadrados iguales.

Paso 2: Mide el dormitorio con tus pasos. Cada paso que des equivaldrá a un cuadro en el papel cuadriculado. Camina a lo largo y ancho de tu habitación y anota la cantidad de pasos en cada caso.

Paso 3: Usa las medidas que anotaste para dibujar el contorno de tu cuarto en el papel cuadriculado. Recuerda: cada cuadro equivale a un paso.

Paso 4: De nuevo, utilizando tus pasos, mide el ancho y largo de todos los muebles que haya en tu cuarto y agrégalos a tu mapa. Ubícalos en el mismo sitio en que se encuentran en tu dormitorio. No olvides incluir las puertas y ventanas.

Paso 5: Usa marcadores o lápices de colores para pintar cada mueble y elabora una leyenda o clave para explicar qué significan los colores.

Índice

cuadrículas — 24

escala — 4, 14

leyenda o clave — 5, 8, 30

mapa de un tesoro — 18

mapa del estado del tiempo — 16

mapa topográfico — 20

punto de referencia — 5, 22

rosa de los vientos — 4, 12

ruta — 5, 10

símbolo — 5, 8